Valeri Jaufmann

Analyse von Namensaufbau von Datenbankobjekten

GRIN Verlag

Bibliografische Information der Deutschen Nationalbibliothek:

Die Deutsche Bibliothek verzeichnet diese Publikation in der Deutschen National-
bibliografie; detaillierte bibliografische Daten sind im Internet über http://dnb.d-
nb.de/ abrufbar.

Impressum:

Copyright © 2004 GRIN Verlag GmbH
Druck und Bindung: Books on Demand GmbH, Norderstedt Germany
ISBN: 978-3-638-65277-3

Dieses Buch bei GRIN:

http://www.grin.com/de/e-book/34578/analyse-von-namensaufbau-von-datenban-
kobjekten

GRIN - Your knowledge has value

Der GRIN Verlag publiziert seit 1998 wissenschaftliche Arbeiten von Studenten, Hochschullehrern und anderen Akademikern als eBook und gedrucktes Buch. Die Verlagswebsite www.grin.com ist die ideale Plattform zur Veröffentlichung von Hausarbeiten, Abschlussarbeiten, wissenschaftlichen Aufsätzen, Dissertationen und Fachbüchern.

Besuchen Sie uns im Internet:

http://www.grin.com/

http://www.facebook.com/grincom

http://www.twitter.com/grin_com

Hamburger-Fern-Hochschule

Postgradualer Studiengang Wirtschaft

Studienzentrum Stuttgart

Studienschwerpunkt Wirtschaftsinformatik

Hausarbeit zum Thema:

Analyse von Namensaufbau von Datenbankobjekte innerhalb eines Datenbankschemas und Entwurf einer regelbasierten Namenskonvention für Datenbankobjekte auf Basis der Oracle Datenbank.

vorgelegt im Herbstsemester 2004

Valeri Jaufmann

INHALTSVERZEICHNIS

1 EINLEITUNG..5

  1.1 DAS BETRIEBLICHE UMFELD 5

2 GRUNDLAGEN...6

  2.1 HINTERGRUND DER HAUSARBEIT..6

  2.2 DEFINITIONEN 7

    2.2.1 Datenbankschema...7

    2.2.2 Bezeichner...9

    2.2.3 Datenbankobjekt...9

3 NOTWENDIGKEIT EINER NAMENSKONVENTION 10

  3.1 PROBLEMDARSTELLUNG 10

4 ENTWURF EINER REGELBASIERTEN NAMENSKONVENTION ...11

  4.1 OBJEKTGRUPPE (OGR) 11

  4.2 BEZEICHNER..11

  4.3 TABELLE 12

    4.3.1 Tabellennamelang..12

    4.3.2 Tabellennamekurz..13

  4.4 VIEW 14

  4.5 CONSTRAINTS..14

    4.5.1 Primärschlüssel (Primary-Key, PK) 15

    4.5.2 Fremdschlüssel (Foreign-Key, FK)...15

    4.5.3 Eindeutige Schlüssel (Unique-Key, UK) 17

    4.5.4 Sequenz (Sequence, SEQ)...18

  4.6 PACKAGE 18

    4.6.1 Datenbankpackage (DPA) 19

    4.6.2 Prozess (PZ)...20

  4.7 PROZEDUR...21

    4.7.1 Ladeprozedur (LPR)...21

4.7.2   *Datenbankpackage-Prozedur (DPR)*......................................22

4.7.3   *Prozess-Prozedur (PZ)*..23

4.7.4   *Trigger (TRG)*...25

5   **ANWENDUNGSBEISPIELE**...**27**

5.1   GRAFISCHE DARSTELLUNG EINES DATENMODELLS 27

5.2   BEISPIEL EINER TABELLE 28

5.3   BEISPIELE AUS EINER ANWENDUNG...29

6   **LEGENDE ZU DEN DIAGRAMMEN** **32**

7   **LITERATURVERZEICHNIS** **34**

1 Einleitung.

1.1 Das betriebliche Umfeld

Die INA-Schaeffler KG wurde 1946 von Dr. Wilhelm Schaeffler und Dr. Ing. E. h.Georg Schaeffler gegründet. Unter dem Namen INA-Holding Schaeffler KG firmieren heute die Unternehmen der INA-Gruppe, der LuK-Gruppe, sowie die Unternehmen der FAG-Gruppe.

Die Unternehmensgruppe beschäftigt ca. 54.000 Mitarbeitern und produziert in über 180 Standorten weltweit. Im Geschäftsjahr 2003 wurde ein Umsatz von etwa 7 Milliarden Euro erzielt. Die INA-Holding entwickelt und produziert Bauelemente im Bereich Wälzlager, Lineartechnik und Motorenelemente sowie Kupplungen und Gelenksysteme. Der INA-Gruppen-Stammsitz ist Herzogenaurach und mit ca. 7.000 Beschäftigten der größte Produktionsstandort. Die derzeitige Produktpalette der INA-Gruppe besteht aus Wälz- und Gleitlager, Linearführungen, Motorenelemente und Präzisionsprodukte. Anwendung finden diese Produkte beispielsweise Lenkanlagen von Fahrzeugen, Überrollbügel bei Cabriolets, Neigesystem bei Schienenfahrzeugen, Inline-Skates und Allesschneider.

INA ist Spezialist im Bereich Wälzlager. Im Segment Nadellager gehört sie zu den Weltmarktführern. Im Bereich Lineartechnik versteht sie sich als Generalist. Hier bietet INA das weltweit umfangreichste Programm an Linearführungen, -modulen und kompletten Systemen. Motorenelemente – so heißt der am stärksten wachsende Unternehmensbereich. Auf dem Gebiet hydraulischer und mechanischer Ventiltrieb-Komponenten zählt sie weltweit zu den führenden Herstellern.

Informatiker finden hier ein breites Spektrum an Tätigkeiten, vor allem in den Bereichen Netzwerk-Administrator, SAP-Berufe, Support/Benutzerservice, Systemengineering/Beratung, Systemadministration und Systementwicklung.

Ganzheitliche Systemlösungen werden als Schwerpunkt bei der Produktentwicklung für Kunden gesehen. Die enge Zusammenarbeit mit anderen kompetenten Herstellern, vorzugsweise aus der Fahrzeugtechnik, und mit Maschinenbau-Instituten führt zu Synergieeffekten, die die Lösung komplexer Aufgaben ermöglichen. Der Kunde hat den Vorteil, komplette Systeme aus einer Hand zu erhalten.

2 Grundlagen

2.1 Hintergrund der Hausarbeit

Analyse von Namensaufbau von Datenbankobjekte innerhalb eines Datenbankschemas und Entwurf einer regelbasierten Namenskonvention für Datenbankobjekte auf Basis der Oracle Datenbank.

Unter Analyse der Datenobjekte ist ein lückenloses eruieren der Objektnamen nach der vorherrschenden Namenskonvention zu verstehen. Ist die Namenskonvention bei der Bildung der Objektbezeichner nicht eindeutig, so ist diese abzuändern.

Mit regelbasiert soll verdeutlicht werden, dass der Namensaufbau einem festen Schema folgen soll.

Die Erweiterbarkeit besteht darin, aufwendige Programmierarbeiten bei neuen Namensregel zu vermeiden und ein einfaches pflegen der Konvention zu ermöglichen.

Die hier zu analysierende Namenskonvention beschränkt sich ausschließlich auf Datenbankobjekte der vorhandenen INA-Datenbank. Sie basiert auf den Objekttypen, der Organisationsstruktur in der Datenbank, den ausgelösten Aktionen und frei wählbare Zeichenketten. Mit den im Bezeichner kodierten Objekttypen ist auf eine gewisse Grundfunktionalität zu schließen.

Die Organisationsstruktur bzw. die Objektgruppen geben über den Prozess der Datenverarbeitung Auskunft, d.h. ob es sich beispielsweise um ein Protokoll oder spezielle Produktionsdaten handelt. Manche Datenbankobjekte können verschiedenen Aktionen, z.B. der Datenmanipulation, dienen. Diese Objekte erhalten einen Namensbeisatz, welcher die Art der Manipulation, wie z.B. ein INSERT, UPDATE oder DELETE erkennen lässt.

Die frei wählbare Zeichenkette dient in der Regel einer genaueren Spezifizierung von Funktionen.

Name des Datenobjekts kann frei gewählt werden oder dem Namen einer Tabelle entsprechen, auf die sich das angestoßene Programm auswirkt. Die bisherige Konvention ist allgemein wohl strukturiert, aber intuitiv aufgebaut. Deswegen werden die verwendeten Namensstrukturen näher betrachtet und potentielle Fehlerquellen aufgezeigt.

2.2 Definitionen

2.2.1 Datenbankschema

Einfach ausgedrückt beschreibt ein Schema eine Kollektion von Datenbankobjekten und deren Gültigkeitsbereich. In einer Datenbank kann mehrere Schemata geben. Die gemeinsamen Attribute Schematypen sind der Namekurz, Namelang und eine Beschreibung. Namekurz beinhaltet die Abkürzung des Schemas, Namelang die ausführliche Form und die Beschreibung   kurze   Hinweise   für   den   Benutzer.

Namekurz	Namelang	Beschreibung
KLF	Klassifizierung	Einteilung des Produktionsgut

Tabelle 1: Beschreibung von Schemata

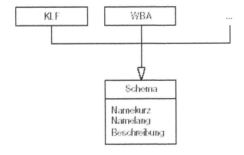

Abbildung 2: Datenbankschema

Ein Datenbankschema ist eine Sammlung von logischen Datenbankobjekten, wie Tabellen und Indizes. Jeder Benutzer besitzt in der Datenbank ein
eigenes Schema in dem sich seine Objekte befinden. Möchte man auf Objekte eines anderen Schemas zugreifen, so muss man dem Benutzer die
Rechte an den Objekten explizit freigeben. In der Regel werden die Rechte
jedoch über sogenannte Rollen vergeben, d.h. eine Rolle ist eine bestimmte Benutzergruppe mit einer Reihe von Regeln.

Dies hat den Vorteil, dass man mehreren Benutzern eine Gruppe von Regeln auf einmal zuweisen kann, während bei der direkten Vergabe von
Rechten jedes einzeln gewährt werden muss.

2.2.2 Bezeichner

Ein Bezeichner für ein Datenobjekt hat in einer Datenbank einen eindeutigen Namen. Um nun aus dem Bezeichner auf den Typen dieses Objektes schließen zu können, ist es notwendig, die Bezeichnerbildung zu reglementieren. Es kann jederzeit aus den Systemtabellen der Objekttyp ermittelt werden, jedoch ist dies weitaus aufwendiger, als wenn durch den Bezeichner auf den Typen und Zweck geschlossen werden kann.

2.2.3 Datenbankobjekt

Der Datenbankobjekt stellt die Obermenge aller Datenbankobjekte dar. Sie enthält die gemeinsamen Attribute Namekurz, Namelang und Beschreibung. Namekurz enthält die bei INA übliche Kurzbezeichnung des Datenbankobjektes, während Namelang die reguläre Objekttypbezeichnung verkörpert. Die Beschreibung dient der genauere Definition des einzelnen Datenbankobjektes.

Namekurz	Namelang	Beschreibung
SMT	Maschinenstammdaten	Objektbezeichnung für Stammdaten der Maschinen

Tabelle 3: Beschreibung vom Datenbankobjekt

3 Notwendigkeit einer Namenskonvention

3.1 Problemdarstellung

In dem Bemühen, Prozesse in der Arbeitswelt zu erleichtern und zu beschleunigen, ist Software zu einem unverzichtbaren Hilfsmittel geworden. Ebenso gibt es bei der Entwicklung von Software Bestrebungen, die zugrunde liegenden Arbeitsschritte rationeller durchzuführen.

Neben der Nutzung von Software Entwicklungswerkzeugen, spielt dabei der Einsatz von Namenskonventionen eine wichtige Rolle. Namenskonventionen finden in der betrieblichen Praxis eine breite Anwendung, wie z.B. bei der Benennung von Datenbankobjekten.

Mit Namenskonvention ist es möglich, Datenbankobjekte eindeutig einzuordnen und den Verwendungszweck wie Funktionalität abzulesen. Somit kann aufgrund der Namen ein schneller Überblick über ein System gewonnen werden. Durch eine auf festen Regeln basierenden Struktur von Funktions - und Datenbankobjektbezeichnern, ist eine nahtlose Anbindung und Weiterentwicklung eines Produktes durch neue Entwickler möglich.

Darüber hinaus wirkt eine Namenskonvention vorbeugend gegen eine kosten- und zeitintensive Zweitentwicklung von Programmteilen. Da die bisherige Benennung von Package bzw. Prozeduren ist zwar strukturiert, aber intuitiv aufgebaut, ergibt sich die Notwendigkeit der Einführung eines Regelwerks.

Im Rahmen der Hausarbeit ist durch Analyse der Objektnamen von Datenbankobjekten einer Oracle -Datenbank der Fa. INA SCHAFFLER eine geeignete Namenskonvention bzw. Syntaxregeln zu jedem Objekttyp wie Tabelle, Package oder Schlüssel zu erarbeiten, um den Datenbankobjekten strukturierte und eindeutige Namen nach gewissen Regeln zu vergeben. Es muss deutlich sein, dass der Namensaufbau einem festen Schema folgt.

4 Entwurf einer regelbasierten Namenskonvention

4.1 Objektgruppe (OGR)

Jede Objektgruppe stellt ein Kürzel für einen Arbeits- oder Programmablauf dar. Sie besteht aus drei Literalen und ist in jedem Objektbezeichner enthalten. Um gewährleisten zu können, dass ein Datenbankobjekt genau einer Gruppe angehört, ist ein Gruppenbezeichner für ein Schema eindeutig, d.h. es kann keine weitere Objektgruppe mit demselben Kürzel geben. Somit kann jedes Datenbankobjekt genau einem Arbeitsschritt zugeordnet werden. Bisher wurden die Objektgruppen nicht erfasst.

Abbildung 4: Aufbau Objektgruppe

4.2 Bezeichner

Bezeichner sind in der vorhandenen Datenbank von beliebiger Länge und frei wählbare Zeichenketten. Sie können aus Buchstaben und Zahlen bestehen. Des weiteren sind sie in der Datenbank nicht eindeutig, d.h. eine Erfassung und Kontrolle wird nur auf Basis des Aufbaus stattfinden.

Abbildung 5: Aufbau Bezeichner

4.3 Tabelle

Für einen klar ersichtlichen Bezug zwischen verschiedenen Datenbankobjekten werden bei deren Namensaufbau oft Tabellennamen verwendet.
Um die Länge der Objektbezeichner in einem erträglichen Rahmen zu hal-
ten wird für Tabellen neben dem langen Tabellennamen (Tabellennamelang) auch ein Kurzname (Tabellennamekurz) eingeführt. Deswegen wird
in den folgenden Textabschnitten streng zwischen diesen beiden Bezeichner für Tabellen differenziert.

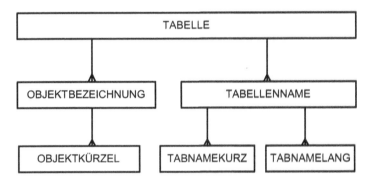

Abbildung 6: Grundmodell

4.3.1 Tabellennamelang

Der Tabellennamelang besitzt zwei Bezeichnerbestandteile. Die Objektgruppe als Präfix und einen natürlichsprachlichen Bezeichner.

Während die Objektgruppe in einem Datenbankschema eindeutig ist, kann
der Bezeichner vollkommen frei gewählt werden. Mit einer Einschränkung,
dass es innerhalb der Datenbank nur eine Tabelle mit der Kombination aus
Objektgruppe und diesen Bezeichner geben kann.

Beispiele:

- SMSVERBUND
- SMTMASCHINENTYP

Abbildung 7: Aufbau Tabellennamenlang

4.3.2 Tabellennamekurz

Das Präfix des Tabellennamenkurz, ebenfalls wie beim Tabellennamenlang, ist die Objektgruppe, gefolgt von einem Kurzbezeichner. Der Kurzbezeichner ist charakterisiert durch seine feste Länge von zwei Literalten.

Beispiele:

- SMSAP   von   SMSANLAGENPUNKT
- SDBZE   von   SDBZEILE

Abbildung 8: Aufbau Tabellennamenkurz

Wie aus den beiden Beispielen ersichtlich ist, muss der Kurzbezeichner der Tabelle nicht zwangsläufig aus dem Tabellennamenlang gebildet werden. Diese Abweichung ist notwendig um gewährleisten zu können, dass der Tabellennamekurz in einer Objektgruppe und somit auch in der gesamten Datenbank eindeutig ist.

Die Analyse von diesem Objekt bereitet keine großen Schwierigkeiten, da die Zeichenketten von konstanter Länge sind.

4.4 View

Um Daten von Tabellen vor Verfälschung, Zerstörung oder Verlust zu si-
chern und Benutzern nur gemäß ihrer Berechtigung Einsicht in die Daten
zu gewähren, finden die Views in der Datenbank eine breite Anwendung.
Ein View kann von einer oder mehreren Tabellen abgeleitet werden, hat
aber keinen eigenen Speicherplatz. Für den Benutzer, der nur die Daten
sieht, ist es in der Regel nicht erkennbar, ob er einen View oder eine Tabelle vor sich hat.

In der vorhandenen Datenbank werden Views immer dann eingesetzt,
wenn keine Datenmanipulation auf die ihm zugrunde liegenden Tabellen
vorgenommen werden.

Beispiele:

- VAABAKTABBILD
- VSMSANLAGENPUNKT
- VSMTPOSABBILD

Abbildung 9: Aufbau View

4.5 Constraints

Schlüssel umfassen eine oder mehrere Spalten, die der Identifizierung von
Zeilen dienen und Aussagen über die Eindeutigkeit treffen. In Oracle werden drei Schlüsseltypen unterschieden, der Primarschlüssel (Primary-Key),
der Fremdschlüssel (Foreign-Key) und der Eindeutige Schlüssel (Unique-
Key).

4.5.1 Primärschlüssel (Primary-Key, PK)

Der Primärschlüssel besteht in der Regel aus mindestens einer Spalte. Er muss dem Eindeutigkeits- und Minimalitätsprinzip genügen. Dass jedem Schlüsselwert nur ein einziger Datensatz zugeordnet werden kann, wird durch die Eindeutigkeit beschrieben. Die Minimalität sagt aus, dass bei einem mehrspaltigen Schlüssel einer Tabelle kein Merkmal der Kombination entfernt werden kann, ohne dass die notwendige Eindeutigkeit für die Identifikation verloren geht.

In den vorhandenen Tabellen ist der Primärschlüssel ein fester Bestandteil jeder Tabelle. Er wird nicht durch ein bestimmtes Merkmal oder einer Kombination von Merkmalen der Tabelle definiert, sondern ist künstlich. D.h. er wird durch eine eindeutige fortlaufende Zahl repräsentiert. Diese Zahl ist anwendungsneutral und ohne Aussagekraft in Bezug auf die Daten. Erzeugt wird die Zahl mittels einer Sequenz (siehe Sequenz).

Der Notation von Primärschlüsseln wird charakterisiert durch die Objektgruppe, dem Tabellennamenkurz und dem Postfix PK.

Beispiele:

- SMSVB_PK   (für Tabelle SMSVERBUND)
- AABAB_PK   (für Tabelle AABAKTABBILD)

Abbildung 10: Aufbau Primary-Key (PK)

4.5.2 Fremdschlüssel (Foreign-Key, FK)

Ein Fremdschlüssel besteht aus einer oder mehreren Tabellenspalten, deren Werte auf den aktuellen Primärschlüsselwerten oder den Schlüsselkandidatenwerten aus anderen Tabellen basieren.

Mit dem Fremdschlüssel werden die Beziehungen zwischen Tabellen gemäß einem relationalen Datenmodell realisiert. Fremdschlüssel beziehen
sich in der vorhandenen INA-Datenbank immer auf Primärschlüssel. D.h.
ein Bezug auf eine Merkmalskombination kann nicht auftreten, da der Primärschlüssel immer eine einzige Spalte umfasst. Somit spiegelt der
Fremdschlüssel die Charakteristiken, anwendungsneutral und ohne se-
mantische Aussagekraft, der Primärschlüssel wieder.

Da der Fremdschlüssel eine Beziehung von Tabellen realisiert, wird sein
Bezeichner durch die Objektgruppe und den Tabellennamenkurz der Aus-
gangs- und Zieltabelle, sowie der Schlüsselsilbe FK gekennzeichnet. Es
gibt jedoch den Fall, dass von einer Ausgangstabelle mehrmals auf eine
Zieltabelle referenziert wird. Um die Schlüssel bei dieser Konstellation eindeutig voneinander zu unterscheiden, wird ihnen die zusätzliche Silbe ID
sowie ein Bezeichner angehängt.

Beispiele:

- SMTPA_SMTMB_FK
- SMSVB_SMSAP_FK_ID_AVG

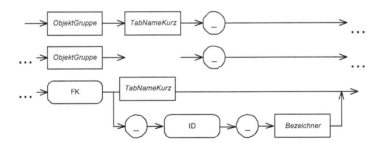

Abbildung 11 Aufbau Foreign-Key (FK)

4.5.3 Eindeutige Schlüssel (Unique-Key, UK)

Eindeutige Schlüssel beziehen sich in der Datenbank auf ein oder mehrere Attribute eines Tupels einer Tabelle, deren Einmaligkeit gewährleistet werden soll. D.h. es dürfen in einer Tabelle keine zwei Zeilen existieren, welche die selben Werte beinhalten, wenn die betreffenden Spalten mit einem Unique-Key-Constraint belegt sind.

Bei den bisherigen Regeln wäre dies der Fall der Kombination von Objektgruppe und Tabellennamekurz. Jede Kombination von Objektgruppe mit einem Tabellennamenkurz muss eindeutig sein. Ansonsten wäre die bisherige Namenskonvention hinfällig, denn es gäbe keinen eindeutigen Bezug über den Bezeichner eines Schlüssels um auf die zugehörige Tabelle schließen ließe.

Charakterisiert wird der eindeutige Schlüssel, ähnlich wie der Primärschlüssel, jedoch statt der Postfix PK wird hier UK eingesetzt. Ist ein zweiter eindeutiger Schlüssel für eine Tabelle notwendig, so erhält er als Postfix eine Nummer. Ein zweiter Schlüssel ist immer dann notwendig, wenn nicht die Kombination von Eigenschaften eindeutig sein soll, sondern jede für sich.

Beispiele:

- AABAB_SMSVB_UK_01
- AABAB_SMTPB_UK_02
- SMTPB_SMTMB_UK

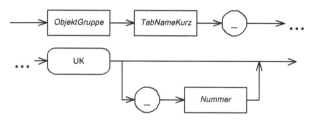

Abbildung 12 Aufbau Unique-Key (UK)

4.5.4 Sequenz (Sequence, SEQ)

Eine Sequenz ist ein Datenbankobjekt zur Generierung eindeutiger Integerwerte, d.h. ein mit einer Sequenz erzeugter bzw. abgefragter Wert kann in der Regel nur einmal verwendet werden, da eine Funktion (NextVal) bei Oracle dafür sorgt, dass die Zahl kein zweites Mal eingesetzt werden kann.

In der vorhandenen Datenbank wird die Sequenz zur Erzeugung einer eindeutigen künstlichen ID für die Primärschlüssel eingesetzt. Für jedes Tupel in allen Tabellen gibt es somit einen eindeutigen Identifier. Charakterisiert wird die Sequenz mit dem Postfix SEQ, der Objektgruppe, dem Tabellennamenlang und der Silbe ID.

Beispiele:
- SEQ_AABAKTABBILD_ID
- SEQ_SMSVERBUND_ID
- SEQ_SMTPOSABBILD_ID

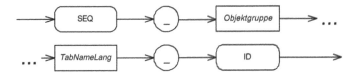

Abbildung 13 Aufbau Sequenz (SEQ)

4.6 Package

Ein Package dient zur Gruppierung von PL/SQL-Typen wie Variablen, Cursorn, Exceptions, Prozeduren und Funktionen. Alle Objekte und Methoden, die eine komplexe Datenmanipulation bzw. Aufgabe in der Datenbank verfolgen, sollten immer zu einem Package zusammengefasst werden.

Es werden zwei Arten von Package in der vorhandenen Datenbank unterschieden.

Die erste Gruppe der Package wird als Datenbankpackage bezeichnet. Es
enthält jeweils alle INSERT-, SELECT-, UPDATE- oder DELETE-
Funktionen für eine Objektgruppe bzw. deren Tabellen.

Die zweite Gruppe der Package wird als Prozess bezeichnet. Sie enthalten
alle Methoden für eine komplexere Datenmanipulation auf Tabellen von
unterschiedlichen Objektgruppen. Die beiden Packagearten unterscheiden
sich nur durch ihren Einsatzzweck. In der Datenbank werden beide als Package geführt und auch so behandelt.

4.6.1 Datenbankpackage (DPA)

Die Standardmanipulationen wie INSERT (IN), SELECT (SL), UPDATE
(UP) und DELETE (DL) einer Datenbank werden in separaten Datenbankpackage für alle Tabellen einer Objektgruppe zusammengefasst, d.h. für
eine Objektgruppe werden vier Package angelegt, welche alle notwendi-
gen INSERT-, SELECT-, UPDATE- oder DELETE-Methoden zur Verfü-
gung stellt.

Die einzelnen Prozeduren in den Package beziehen sich auf eine konkrete
Tabelle der Objektgruppe. Der Bezeichner des Datenbankpackage wird
durch Kürzel DPA, die Objektgruppe(SMS) und die Manipulationsart(IN)
repräsentiert.

Beispiele:

- DPA_SMSSL
- DPA_SMTIN

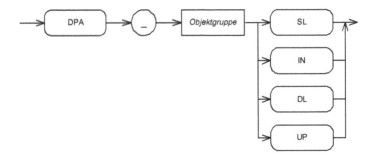

Abbildung 14 Aufbau Package (DPA)

4.6.2 Prozess (PZ)

Sind spezielle Auswertungen, Prüfungen oder Ähnliches in einem Datenbankschema durchzuführen, so werden für diese Aufgabe verschiedene
Funktionen bzw. Prozeduren benötigt. Diese werden Aufgabenweise in
Package, den sogenannten Prozessen, zusammengefasst. Jedem Prozess ist in der Regel eine allgemeine oder spezielle Aufgabe zugeordnet.

Ein Prozess ist ähnlich wie der Name eines DPA-Schemas aufgebaut. An-
statt der Objektgruppe steht die Schlüsselsilbe PZ und anschließend ein
beliebiger Bezeichner.

Beispiele:
- DPA_PZLOGLG
- DPA_PZFPLWBADL

Abbildung 15 Aufbau Prozess (PZ)

4.7 Prozedur

Eine Prozedur ist eine abgespeicherte Folge von Instruktionen und kann wiederholt aufgerufen und ausgeführt werden. Die Instruktionen bestehen aus SQL- und PL/SQL-Befehlen und ist dreigeteilt aufgebaut, dem Deklaration-, Programm- und Exceptionteil. Im Deklarationsteil befinden sich alle benötigten Variablen. Im Programmteil wird die Datenverarbeitung definiert. Im Exceptionteil befindet sich die Behandlung bei aufgetretenen Fehlern.

In der vorhandenen Datenbank werden drei Arten von Prozeduren unterschieden die Ladeprozedur, die Datenbankpackage-Prozedur und die Prozess-Prozedur.

Während die Ladeprozedur als explizites Datenbankobjekt in Oracle geführt wird, sind die beiden anderen in den vorher angesprochenen Package gekapselt, d.h. die Ladeprozedur und die Package-Prozeduren werden in separaten Tabellen des Data Dictionary geführt.

4.7.1 Ladeprozedur (LPR)

Die Ladeprozedur ist die einzige der drei Prozedurarten des Datenbankmanagementsystems (DBMS), welche nicht in einem Package gekapselt ist. Sie dient dem Zweck, Daten in eine Tabelle einzufügen.

Die Ladeprozedur wird ähnlich wie die INSERT-Anweisung benutzt jedoch mit dem Unterschied, dass bereits eingetragene Daten zusätzlich aktualisiert werden können. Normalerweise wäre eine UPDATE-Anweisung notwendig. Das birgt jedoch den Nachteil, dass vorhandene Daten bei Unachtsamkeit überschrieben werden können.

Eine Ladeprozedur wird charakterisiert durch das Präfix LPR, die nachfolgende Objektgruppe sowie den Tabellenkurznamen.

Beispiele:

- LPR_SDBZE
- LPR_SMTMT

Abbildung 16 Aufbau Ladeprozedur(LPR)

Da die beiden anderen Funktionsarten in Package organisiert werden, kann es zu keiner Verwechslung zwischen Package-Prozedur und Ladeprozedur kommen. Des Weiteren ist es laut Datenbankkonvention nicht erlaubt, weitere Prozeduren in der gleichen Art zu organisieren wie die Ladeprozedur.

4.7.2 Datenbankpackage-Prozedur (DPR)

Eine Datenbankpackage-Prozedur befindet sich in einem spezifischen Package und umfasst eine spezielle Funktion. Ihre Aufgabe beschränkt sich auf die Datenmanipulationsoperation einer Tabelle in einer spezifischen Objektgruppe. Die Objektgruppe ist aus dem Namen des Package bzw. der zugehörigen Funktion ersichtlich, da er im Bezeichner enthalten ist, d.h. in der Objektgruppe SDB gibt es ein Package für die INSERT Funktionalitäten, in der alle Prozeduren organisiert sind, die sich um das Einfügen von neuen Datensätzen kümmern. Das Anlegen neuer Datensätze darf nur auf Tabellen der gleichen Objektgruppe geschehen.

Dieser Prozedurbezeichner ähnelt dem Package-Namen sehr stark. Der Wirkungsradius wird durch das angehängte Tabellenkürzel näher spezifiziert. Der anschließende optionale Bezeichner **V** oder **T** (View, Tabelle)bietet die Möglichkeit, die Datenmanipulation noch genauer zu beschreiben.

Beispiele:

- DPA_SMSSLAPV (SELECT auf View)
- DPA_SDBINZE (kein optionaler Bezeichner, da INSERT immer auf Tabelle erfolgt)

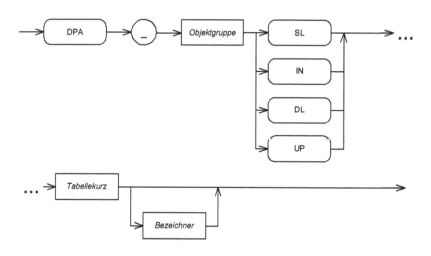

Abbildung 17 Aufbau PackageProzedure (DPR)

Eine Prozedur unterscheidet sich von seinem Package durch die variablen Teile des Tabellennamenkurz und den optionalen Bezeichner. Packages sind in der Datenbank anders organisiert als Package-Prozeduren. Dies ist für die Objekterkennung von entscheidender Bedeutung, denn dadurch können Package und Prozeduren sehr leicht unterschieden und erkannt werden.

4.7.3 Prozess-Prozedur (PZ)

Um eine komplexe, analytische oder manipulative Aufgabe durchzuführen, ist oft eine Interaktion verschiedener Prozeduren notwendig.

Anders als bei Datenbankpackage stellen diese Prozeduren eine Symbiose dar, d.h. sie bauen aufeinander auf, aber jede hat ebenso eine spezielle Aufgabe zu erfüllen. Jedoch können und dürfen in diesen Prozeduren, je nach Modularisierungsgrad, Funktionen aus bereits vorhandenen Package genutzt werden.

Die Prozess-Prozedur Bezeichnung ist fast identisch mit der des Prozesses. Der Unterschied liegt darin, dass ein Postfix folgen kann. Dieses ist ein weiterer beliebiger Bezeichner, der die Funktionalität der einzelnen Prozedur bzw. Funktion widerspiegelt.

Beispiele:

- DPA_PZGWBOGR (Prozess für Grenzwert der Behandlung (OBE-RE GRENZE))

- DPA_PZKOMSUB (Kommunikationsprozess für Tabelle SAPSUB-SYS)

Abbildung 18 Aufbau Prozess Prozedur (PZ)

Aus dem Aufbau ergibt sich das Problem, dass zwei beliebig konkatenierte Bezeichner nicht ohne weiteres erkannt werden können: Als sinnvoll wird die Möglichkeit erachtet, die zwischen den beiden Bezeichnern ein Sonderzeichen vorsieht; wie z.B. ein Unterstrich:

Beispiel:
- DPA_PZGWB_OGR (Prozess für Grenzwert der Behandlung (OBERE GRENZE))

- DPA_PZKOM_SUB (Kommunikationsprozess für Tabelle SAPSUB-SYS)

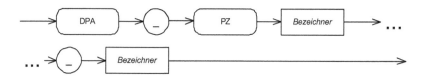

Abbildung 19 Prozess Prozedur (PZ)

4.7.4 Trigger (TRG)

Ein Trigger ist eine mit einer Tabelle verknüpfte Prozedur, die auf Grund von bestimmten Events gestartet wird. Unter einem Event ist eine Manipulationsoperation zu verstehen, die auf eine bestimmte Tabelle ausgeführt wird. Trigger können entweder für die gesamte Tabelle oder für jede betroffene Zeile ausgeführt werden.

Der Trigger wird charakterisiert durch das Präfix TRG der Objektgruppe, das Tabellenkürzel, das Datenmanipulationskürzel (bei der er in Aktion treten soll) und den Zeitpunkt, wann die Änderung in der Tabelle aktiv werden soll.

Beispielswiese bedeutet der Trigger TRG_AABABUPB folgendes: BEFORE (B) ein UPDATE (UP) auf die Tabelle AABAKTABBILD(AB) in der Objektgruppe (AAB) stattfinden kann, wird die im Trigger implementierte Prozess-Prozedur DPA_PZSPS_AABABUPB ausgeführt werden.

Beispiele:
- TRG_SDBZEINA (INSERT AFTER auf Tabelle SDBZEILE)
- TRG_IDAALUPA (UPDATE AFTER auf Tabelle IDAASL)

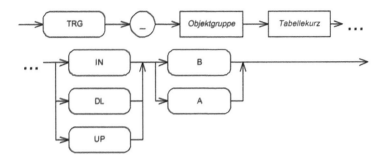

Abbildung 20 Aufbau Trigger (TRG)

5 Anwendungsbeispiele

5.1 Grafische Darstellung eines Datenmodells

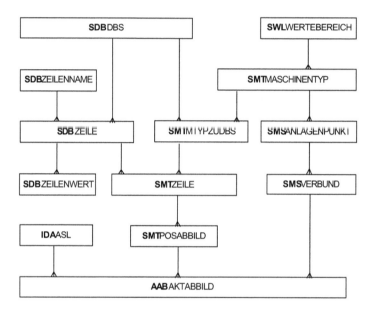

Abbildung 21 Datenmodell Stammdaten (STM)

5.2 Beispiel einer Tabelle

PROMPT Creating Table 'AABAKTABBILD'

CREATE TABLE AABAKTABBILD

(	ID	NUMBER(20)	NOT NULL
,	SMSVERBUND_ID	NUMBER(10)	NOT NULL
,	SMTPOSABBILD_ID	NUMBER(10)	NOT NULL
,	IDAASL_ID	NUMBER(20)	
,	ENVUMGEBVAR_ID	NUMBER(20)	
,	WERT	FLOAT	
,	SORTNR	NUMBER(10)	
,	TEXT	VARCHAR2(80)	
,	GKZ	VARCHAR2(1)	NOT NULL
,	DGV	DATE	NOT NULL
,	DLA	DATE	NOT NULL
,	DGB	DATE	

)

COMMENT ON COLUMN AABAKTABBILD.SMSVERBUND_ID IS 'UKY_01'

/

COMMENT ON COLUMN AABAKTABBILD.SMTPOSABBILD_ID IS 'UKY_02'

/

Abbildung 22 Tabelle AABAKTABBILD

5.3 Beispiele aus einer Anwendung

Im folgenden Beispiel wird die Umsetzung von Namensaufbau der Datenbankobjekte aus vorheriger Analyse nähe erläutert.

```
-- ***********************************************************************
-- Prozessablauf für Löschanstoßauftrag über Auftrag
-- ***********************************************************************
   PROCEDURE DPA_PZADL_IDATL

// Nach neuen Regeln der Namenskonvention ist die Benennung
// von diesem Prozess folgendermaßen zu interpretieren:
// DPA_PZ stellt eine Datenbankprozess-Prozedur dar, die drei
// nachfolgende Literalen ADL stehen für Automatic DELETE, gefolgt vom
// Tabellennamekurz IDATL (IDATELELOG) auf deren Sätze die Löschung
// erfolgt

   IS
-- Cursordefinition
-- ================
   CURSOR    c_IDATELELOG
   IS
   SELECT    *
   FROM      IDATELELOG
   ORDER BY ID DESC
   ;
-- Recorddefinition
-- ================
-- Systemrecords
-- =============
   v_logms            LOGMESSAGE%rowtype;

-- Stammdaten
   v_idatl            idatelelog%rowtype;
   v_idatl1           idatelelog%rowtype;
   v_envev            envumgebvar%rowtype;

-- Variablendefinition
-- ================
   h_i                NUMBER(10) := 0;
   h_j                NUMBER(10) := 0;

   in_test            number(1)   := 0;
   v_ergebnis_err     number      := 0;
```

```
v_ergebnis_text      varchar2 (200) := '';

BEGIN

-- Protokoll Start
v_logms.stufe       := 1;
v_logms.text        := 'A-IDATL-10020,Beginn der Löschung ';
DPA_PZLOG.DPA_PZLOGLG (in_test,v_logms);

-- Lesen, wieviel Sätze übrig bleiben sollen
v_envev.namekurz    := 'IDATLDL';
DPA_ENVSL.DPA_ENVSLEVT    (v_ergebnis_err,      v_ergebnis_text,
in_test, v_logms, v_envev);
```

// *die hier aufgerufene Prozedur DPA_ENVSL repräsentiert Datenbank-*
// *package der Objektgruppe ENV (ENVIRONMENT) mit Manipulations-*
// *art (SL) gefolgt von Datenbankpackage-Prozedur DPA_ENVSLEVT*
// *die einen SELECT auf Tabelle ENVVARIABLE ausführt.*

```
-- Löschen der Prozesswerte
DPA_IDADL.DPA_IDADLTLPZW    (v_ergebnis_err,      v_ergebnis_text,
in_test, v_logms,v_idatl);

-- Löschen der Auftragswerte
DPA_IDADL.DPA_IDADLTLAFG    (v_ergebnis_err,      v_ergebnis_text,
in_test, v_logms,v_idatl);

-- Lösche den Meldungen
DPA_IDADL.DPA_IDADLTLMLD    (v_ergebnis_err,      v_ergebnis_text,
in_test, v_logms,v_idatl);
```

// *diese drei aufeinander aufgerufene Prozeduren vom Datenbank-*
// *package DPA_IDADL führen ein DELETE Statement auf die Sätze*
// *der Tabelle IDATELELOG der Objektgruppe IDA (ISTDATEN) aus,*
// *die als Prozesswerte (PZW), Auftragswerte (AFG) und*
// *Meldungen (MLD)gekennzeichnet sind.*

```
COMMIT;

-- Zähle Anzahl der restlichen Sätze
SELECT    count (1)
INTO      h_i
FROM      idatelelog
;
-- Lesen von Sätzen aus IDATELELOG
IF        h_i < v_envev.wert
THEN
```

```
       COMMIT;
       RETURN;
    ELSE
       FOR rec_IDATELELOG IN c_IDATELELOG
       LOOP
          v_idatl1      := rec_IDATELELOG;
          IF  h_j       > v_envev.wert
          THEN
--          Loesche restlichen Werte ueber ID
          v_idatl.id   := v_idatl1.id;
          DPA_IDADL.DPA_IDADLTL    (v_ergebnis_err,   v_ergebnis_text,
in_test, v_logms,v_idatl);
          END IF;
          h_j           := h_j +1;
       END LOOP;
       COMMIT;
    END IF;

-- setzen der Rueckgabewerte
    v_ergebnis_err      := 0;
    v_ergebnis_text     := '';

-- Protokoll: Ende
    IF  in_test         = 1
    THEN v_logms.text  := 'Ende DPA_PZADLIDATL';
       v_logms.stufe := 5;
       DPA_PZLOG.DPA_PZLOGLG (in_test,v_logms);
    END IF;
    END; -- Ende DPA_PZADL_IDATL
--************************************************************************
```

Abbildung 23 Package DPA_PZADL_IDATL

6 Legende zu den Diagrammen

Fortsetzung

Ein Ende mit drei Punkten bedeutet, dass der Aufbau noch nicht zu Ende ist. Die Fortsetzung erfolgt bei einem mit drei Punkten beginnenden Pfeil.

Option

Ein optionaler Wert wird mittels einer Abzweigung symbolisiert, die parallel zum Hauptweg und wieder zurück fürht, symbolisiert.

Schlüsselsilben

Zeichenkonstante, die in einem Objektnamen genau in dieser Form vorhanden sein muss.

Trennzeichen

Der Unterstrich dient der besseren Gliederung der Objektbezeichner.

Variable Bezeichner

Beliebige lange Zeichenkette aus Buchstaben und Zahlen.

Objektgruppe

Drei Zeichen langer Bezeichner, der in der Datenbank hinterlegt ist.

```
ObjektGruppe
```

Tabellennamelang

Beliebig langer Bezeichner aus Buchstaben und Zahlen für eine, die in der Datenbank hinterlegt ist.

```
TabNameLang
```

Tabellennamekurz

Zwei Zeichen langer Bezeichner für eine Tabelle, der in der Datenbank hinterlegt ist.

```
TabNameKurz
```

7 Literaturverzeichnis

Kleinschmidt, P.; Rank, C.:

Relationale Datenbanksysteme - Eine praktische Einführung

Berlin: Springer-Verlag, 2002

Meier, A.:

Relationale Datenbanken - Leitfaden für die Praxis

Berlin: Springer-Verlag, 2001

Loney, K.; Koch, G.:

ORACLE 9i - Die umfassende Referenz

München: Hanser-Verlag, 2003

Schmidt, M.; Demmig, T.:

SQL GE-PACKT

Bonn: mitp-Verlag, 2001

www.ingramcontent.com/pod-product-compliance
Lightning Source LLC
LaVergne TN
LVHW042304060326
832902LV00009B/1264